BEI GRIN MACHT SICH IHR WISSEN BEZAHLT

AF167120

- Wir veröffentlichen Ihre Hausarbeit,
  Bachelor- und Masterarbeit

- Ihr eigenes eBook und Buch -
  weltweit in allen wichtigen Shops

- Verdienen Sie an jedem Verkauf

Jetzt bei www.GRIN.com hochladen
und kostenlos publizieren

Kraftplan für einen gesunden 24-jährigen Studenten im fortgeschrittenen Trainingsbereich

Zoe Ludwig

GRIN ☺

Bibliografische Information der Deutschen Nationalbibliothek:

Die Deutsche Nationalbibliothek verzeichnet diese Publikation in der Deutschen Nationalbibliografie; detaillierte bibliografische Daten sind im Internet über http://dnb.d-nb.de abrufbar.

ISBN: 9783346429490
Dieses Buch ist auch als E-Book erhältlich.

Druck und Bindung: Books on Demand GmbH, Norderstedt Germany
Gedruckt auf säurefreiem Papier aus verantwortungsvollen Quellen

Das vorliegende Werk wurde sorgfältig erarbeitet. Dennoch übernehmen Autoren und Verlag für die Richtigkeit von Angaben, Hinweisen, Links und Ratschlägen sowie eventuelle Druckfehler keine Haftung.

Das Buch bei GRIN: https://www.grin.com/document/1026083

Deutsche Hochschule für
Prävention und Gesundheitsmanagement
Hermann Neuberger Sportschule 3
66123 Saarbrücken

Einsendeaufgabe

Fachmodul:	Trainingslehre I
Studiengang:	Sportökonomie
Datum Präsenzphase:	02.06.2020 – 05.06.2020
Name, Vorname:	Ludwig, Zoe
Semester:	**WSS 2019**

INHALTSVERZEICHNIS

1 DIAGNOSE

Um eine zielgenaue Trainingssteuerung zu erreichen, benötigt man eine Diagnose. Dazu werden bei einem Gespräch, noch vor dem ersten Training oder der Einführung, unter anderem die biometrischen Daten des Probanden erfragt. Dazu gehören Alter, Geschlecht, Körpergröße und Körpergewicht. Auch allgemeine Fragen, zum Beispiel zur beruflichen Tätigkeit oder zur zeitlichen Verfügbarkeit werden gestellt. Man ermittelt so den Ist- Zustand des Probanden. Durch die Erfassung der Daten wird der Soll-Zustand generiert, der dann in der Trainingsphase umgesetzt werden soll.

1.1 Allgemeine und biometrische Daten

Mein Proband ist männlich, 24 Jahre alt, wiegt 78kg bei einer Körpergröße von 182cm. In seiner Freizeit spielt er Fußball in einem Verein. Außerdem hat er schon Erfahrung im Bereich des Krafttrainings.

Tab. 1: biometrische und allgemeine Daten einer Person

Daten zur Person	Datenwerte
Alter	24 Jahre
Geschlecht	Männlich
Körpergewicht	78kg
Körpergröße	182cm
Trainingsziele	- Steigerung seiner Muskelmasse um 2kg in 12 Monaten - Sprintgeschwindigkeit für sein Fußballspiel optimieren
Berufliche Tätigkeit	Student
Frühere sportliche Aktivitäten	- Fahrrad fahren - Hobbymäßig ging er gerne schwimmen

Aktuelle sportliche Aktivität	- Fußball
	- Joggen gehen
	- Fitnessstudio seit 3 Jahren
Zeitlicher Rahmen	3-mal pro Woche
Ruhepuls	61 Schläge pro Minute
Blutdruck	116/67 mmHg
Allgemeiner Gesundheitszustand	- Körperfettanteil 21%
	- Keine Beschwerden

Den Blutdruck kann man mit Hilfe eines Gerätes während der Anamnese bestimmen. Die Messung fand an der Innenseite des linken Handgelenkes statt. Normalwerte liegen beim systolischen Wert unter 130 mmHg und beim diastolischen Wert unter 85 mmHg. Der Proband hat also bei beiden Ruheblutdruckwerten sehr gute Ergebnisse.

Tab. 2: Blutdruckklassifikation der American Heart Association (modifiziert nach Mancia et al., 2013, Guidelines for the management of arterial hypertension. S. 1286)

Bewertungsstufen	Systolischer Blutdruck	Diastolischer Blutdruck
	Normblutdruck (Normo-tonie)	
Optimal	Unter 120 mmHg	Unter 80 mmHg
Normal	Unter 130 mmHg	Unter 85 mmHg
Hochnormal	130-139 mmHg	85-89 mmHg
	Bluthochdruck (arterielle Hypertonie)	
Stufe 1	140-159 mmHg	90-99 mmHg
Stufe 2	160-179 mmHg	100-109 mmHg
Stufe 3	> 180 mmHG	> 110 mmHg

4

Tab. 3: Allgemeiner Gesundheitszustand des Probanden

Orthopädische/ Internistische Probleme	Keine
Medikamenteneinnahme	Keine
Ärztliche Behandlung	Keine
Sonstige Einschränkungen	Keine
Trainierbarkeit der Person	Fortgeschritten

Der Proband hat keine Beschwerden und befindet sich in einem guten gesundheitlichen Zustand. Erkrankungen sind auch keine bekannt. Er klagt ab und an über leichte Rückenschmerzen nach der Belastung. Was später auch anhand der Tests erkennbar ist. Der Proband befindet sich nicht in ärztlicher Behandlung und muss auch keine Medikamente nehmen. Da er schon seit drei Jahren im Fitnessstudio trainiert, stufe ich ihn als fortgeschritten ein.

1.2 Krafttestung

Ich habe mich für den 1-RM-Test entschieden, da der Proband schon im fortgeschrittenen Trainingsbereich ist. Nach Güllich und Schmidtbleicher (1999, S. 224) ist die wichtigste Referenzgröße des Kraftverhaltens die Maximalkraft. Er muss also eine hohe Kraft aufwenden, um am besten nur eine Wiederholung zu schaffen, maximal drei Wiederholungen.

Der Proband durchläuft sechs Übungen, sollte das Einstiegsgewicht zu wenig sein, wird nach Gefühl erhöht.

1.2.1 Testablauf

Wir führen die Testung, wie von Eifler (2016, S. 211) beschrieben, von leichten zu schweren Übungen und von bekannten zu unbekannten Übungen, durch. Der Proband sollte sich vor Beginn der Testung nicht wirklich aufwärmen, allerhöchstens ein klein wenig mobilisieren, da so schon der Muskel ermüden kann. Ich werde Maximalkrafttests durchführen, das heißt, mein Proband sollte die Übungen mit dem angegebenen Gewicht im besten Fall zwischen ein- und dreimal ausführen können. Sollte er nach der Übung das

Gewicht noch steigern können, muss er zwischen drei und fünf Minuten warten, damit sich seine Muskulatur wieder vollständig erholen kann.

Die erste Übung für meinen Probanden war die Barbell Bench Press. Ich begann mit einem Startgewicht von 55kg, welche er locker stemmen konnte. Somit erhöhte ich um weitere 10kg auf 65kg. Hier schaffte der Proband zwei Wiederholungen, eine davon war allerdings mit Hilfestellung. Somit ist das Testergebnis bei der Barbell Bench Press zwei Wiederholungen mit 65kg.

Als nächstes testete ich den Latzug. Ich begann mit einem Startgewicht von 60kg welches zu schwer war. Ich reduzierte um 10kg auf 50kg, wovon er eine Wiederholung schaffte. Ergebnis hier war also, eine Wiederholung mit 50kg.

Bei der Rudermaschine entschied ich mich für ein Anfangsgewicht von 55kg, welches auch genau richtig war. Der Proband schaffte davon 3 Wiederholungen, wollte das Gewicht nach Absprache aber nicht erhöhen. Das Testergebnis ist also, drei Wiederholungen mit 55kg.

Die vierte Übung war die Beinpresse. Da es bei der Beinpresse deutliche Schwankungen in den Testergebnissen gibt, habe ich mit einem Gewicht von 120kg begonnen. Diese schaffte der Proband ohne Probleme. Nach einer Steigerung um weitere 20kg hatte er immer noch keine Probleme das Gewicht zu pressen. Nach weiteren vier Minuten Pause erhöhte ich das Gewicht um 10kg. Davon schaffte er dann noch eine Wiederholung. Somit lautet das Testergebnis eine Wiederholung mit 150kg.

Die nächste Übung war der Rückenstrecker. Da mein Proband Fußballer ist, ging ich davon aus, dass der Oberkörper nicht so stark ist wie der Unterkörper und startete mit einem Gewicht von 50kg. Diese schaffte der Proband dreimal. Nach Absprache haben wir das Gewicht um weitere 10kg erhöht. Mit 60kg schaffte er noch eine Wiederholung. Testergebnis hier ist also, eine Wiederholung mit 60kg Gewicht.

Der letzte Test erfolgte an der Crunch Maschine. Dort gelangen ihm zwei Wiederholungen mit 40kg.

Tab. 4: Testergbnisse

Übung	Testsatz 1	Testsatz 2	Testsatz 3	Ergebnis
Barbell Bench Press	55 kg / 3 Wdh	65kg / 2 Wdh	/	65kg/ 2 Wdh
Latzug	60kg/ 0 Wdh	50kg/ 1 Wdh	/	50kg/1 Wdh
Rudermaschine	55kg/ 3Wdh	/	/	55kg/ 3 Wdh
Beinpresse	120kg/ 3 Wdh	140kg/ 3 Wdh	150kg/1 Wdh	150kg/1Wdh
Rückenstrecker	50kg/ 3 Wdh	60kg/1Wdh	/	60kg/1 Wdh
Crunch Maschine	40kg/ 2Wdh	/	/	40kg/2 Wdh

1.2.2 Schlussfolgerung

Durch die Ergebnisse der Testung kann man nun einschätzen, welche Übungen und wie viel Gewicht der Student in seinem Trainingsplan benötigt. Außerdem zeigt der Test die Anfangswerte des Probanden, so kann ich während der Aufbauphase einen weiteren Test durchführen, um zu sehen, wie sich mein Proband gesteigert hat. Somit hat auch er Werte vor Augen und kann motivierter an seinen Zielen arbeiten. Da ich die Werte dokumentiere, kann ich genauestens die Entwicklung der Leistung meines Patienten verfolgen. Durch die Tests konnte ich ihn in eine der folgenden Gruppen einstufen.

Tab. 5: Leistungsstufen (modifiziert nach Eifler, 2016, Studienbrief Trainingslehre I, S. 160)

Leistungsstufe	Intensität in % ILB
Orientierungsstufe	Gering
Beginner	50-70%
Geübter	60-80%
Fortgeschrittener	70-90%
Leistungssportler	80-100%

2 ZIELSETZUNG / PROGNOSE

Während des Gesprächs vor den Testungen hat man sich mit dem Probanden auf einige Ziele geeinigt. Das Hauptziel ist es 2kg Muskelmasse in 12 Monaten aufzubauen. Dadurch wird normalerweise sein Körperfettanteil von 21% auf einen niedrigeren Prozentwert fallen. Außerdem möchte er seine Sprintgeschwindigkeit für sein Fußballspiel optimieren, was ihm durch die Fettreduzierung auch leichter fallen wird.

Tab. 6: Biometrische und sportmotorische Ziele eines Probanden

Ziel	Ausmaß	Zeitraum
Muskelaufbau	2kg mehr	12 Monate
Sprintfähigkeit erhöhen	1 Sekunde schneller auf 100 Meter	6 Monate

2.1 Begründung

Da der Proband im vierten Trainingsjahr ist, ist der Wunsch zwei Kilo reine Muskelmasse anzusetzen recht hoch. Beginnt man mit dem Krafttraining, ist je nach Alter undLeistungsfähigkeit, am Anfang 20-50% der Kraftsteigerung möglich (Gottlob, 2013, S. 2). Im späteren Bereich ist das nicht mehr möglich. Durch den von mir erstellten Trainingsplan wird der Student etwas Körperfett verlieren, was automatisch dazu führen wird, dass er schneller wird, da er weniger Körpermasse explosiv bewegen muss. So kommt er seinem Ziel also auch hier näher. Der Proband ist 182cm groß und wiegt 78kg. Somit hat er einen BMI von 23,5, was Normalgewicht bedeutet (Luppa, 2016, S. 23). Auch hier können wir ohne Einschränkungen mit ihm trainieren.

3 TRAININGSPLAN MAKROZYKLUS

Eine Makrozyklusplanung ist eine Planung über einen längeren Zeitraum, welcher aus mehreren Mesozyklen besteht, der in didaktisch-methodischen, inhaltlichen und belastungsmäßigen Grundstrukturen wiederkehrt und die sportliche Leistungsfähigkeit immer auf höherem Niveau zum Ziel hat (Schnabel, Harre, & Barde, 1997, S. 323). Je nach Trainingszielen und Leistungsniveau umfasst der Makrozyklus einen Zeitraum von mehreren Monaten bis zu einem Jahr (Eifler, 2016, S. 33).

3.1 Makrozyklusdarstellung

Tab. 7: Trainingsplanung eines Makrozyklus für einen Fortgeschrittenen

	Mesozyklus 1	Mesozklus 2	Mesozyklus 3	Mesozyklus 4
Trainingsziel	Hypertrophie	Maximalkraft	Hypertrophie	Maximalkraft
Dauer	8 Wochen	6 Wochen	8 Wochen	6 Wochen
Einheiten pro Woche	3	3	3	3
Übungen pro Muskel	1-3	1-3	1-3	1-3
Sätze pro Übung	3-4	4-5	3-4	4-5
Intensität	70-85%	90-100%	70-85%	90-100%
Wiederholungen	8-12	3-5	8-12	3-5
Pause	90-120 Sek.	3-5 Min.	90-120 Sek.	3-5 Min.
Kadenz	2-1-2	2-1-2	2-1-2	2-1-2
Organisationsform	GK/ Station	GK/ Station	GK/ Station	GK/ Station

3.1.1 Begründung der Trainingsmethode

Ich habe die Hypertrophie-Methode gewählt, weil das primäre Ziel meines Patienten der Muskelaufbau ist. Da bei einem erwachsenen Sportler Krafttraining zu einer Zunahme des Muskelquerschnitts führt und das auch das Ziel meines Probanden ist, eignet sich diese Methode. Mein Proband ist außerdem erst 24 Jahre alt. Nach sechsmonatigem Krafttraining können sich die Typ-II Muskelfasern bis zu 33% und die Typ-I Muskelfasern bis zu 27%, vergrößern (Mac Dougall, 1986). Nach acht Wochen Hypertrophie-Training trainiert er sechs Wochen im Maximalkraftbereich, um so dem Muskel neue Reize geben zu können.

3.1.2 Begründung der Belastungsparameter

Für den Probanden sind nicht mehr als drei Einheiten pro Woche nötig um weitere körperliche Adaption zu erzielen und der Körper somit genug Zeit zur Regeneration hat. Hier greift das Prinzip der Superkompensation. Nach einem sehr anstrengenden Training kommt es zu einer Ermüdung unserer Muskeln, wenn sich der Körper von diesem überschwelligen Trainingsreiz erholt, kommt es zur Superkompensation. Somit kann der Körper seine Leistungsfähigkeit in der Erholungsphase steigern. Das benötigt allerdings genügend Regeneration (P. Hofmann, G. Tschakert, A. Müller, 2017). Da der Proband außerdem noch studiert, passt dreimal die Woche Training auch sehr gut in seinen Zeitplan. Ich arbeite mit dem Studenten an einem Ganzkörpertraining, bei dem ich immer ein bis drei Übungen pro Muskelgruppe belaste. Wir arbeiten mit drei bis vier Sätzen pro Übung, da ich eine relativ geringe Wiederholungszahl aber dafür eine hohe Intensität gewählt habe. Dafür entschied ich mich, weil er schon Erfahrung im Bereich des Krafttrainings hat.

3.1.3 Begründung der Organisationsform

Es ist sinnvoll mit dem Probanden nicht mehr als dreimal pro Woche zu trainieren, da er erstens zeitlich eingeschränkt ist und zweitens die Regenerationszeit nicht ausreicht. Da mein Proband schon Erfahrung mit dem Krafttraining hat, kann ich die Intensität etwas höher ansetzen.

In beiden Zyklen wird ein Stationstraining durchgeführt, heißt, es werden alle Sätze pro Übung plus die Satzpausen hintereinander durchgeführt. Somit ermüdet der entsprechende Muskel schneller. Ich habe mich gegen ein Split-Trainingsplan entschieden, da in diesem Fall unterschiedliche Muskelgruppen an unterschiedlichen Tagen trainiert werden, somit haben wir eine Reizsetzung für einen Muskel nur einmal pro Woche, was zu wenig ist (Eifler, S. 2-3). Deshalb entschied ich mich für ein Ganzkörpertraining.

3.1.4 Begründung der Periodisierung

Der Makrozyklusplan umfasst 28 Wochen á vier Mesozyklen. Der Student trainiert immer acht Wochen im Hypertrophiezyklus bei einer Intensität von 70-85% und anschließend sechs Wochen im Maximalkraftbereich. Ich habe mich für den Wechsel zwischen Hypertrophie- und Maximalkrafttraining entschieden um dem Muskel neue Reize zu setzen, damit sich der Muskel nicht an die Belastung gewöhnt und sich somit nicht mehr so schnell oder irgendwann gar nicht mehr weiterbildet.

4 TRAININGSPLAN MESOZYKLUS

Tab. 8: Mesozyklusplanung Hypertrophietraining

	Mesozyklus
Leistungsstufe:	Fortgeschritten
Trainingsziel:	Hypertrophie
Dauer:	8 Wochen
Einheiten pro Woche:	3
Übungen pro Muskel:	1-3
Sätze pro Muskel:	3-4
Intensität:	70-85%
Wiederholungen:	8-12
Pause:	90-120 Sek.
Kadenz	2-1-2

Der Mesozyklus des Hypertrophietraining umfasst eine Dauer von acht Wochen á drei Einheiten pro Woche. Pro Muskelgruppe werden ein bis drei Übungen durchgeführt mit jeweils 90 bis 120 Sekunden Pause zwischen den Sätzen. Wovon drei bis vier pro Muskelgruppe absolviert werden. Das Ganze findet bei einer Intensität von 70-85% statt. Die Übung wird zwei Sekunden lang exzentrisch ausgeführt, dann wird eine Sekunde am Umkehrpunkt gehalten ehe dann wieder zwei Sekunden lang konzentrisch gearbeitet wird. Das dient dazu, eine kontrollierte und saubere Übungsausführung zu garantieren.

Tab. 9: Übungsdarstellung eines Mesozyklus

	Mikrozyklus1	Mikrozyklus2	Mikrozyklus3	Mikrozyklus4	Mikrozyklus5	Mikrozyklus6
Trainingsziel	Maximalkraft	Maximalkraft	Maximalkraft	Maximalkraft	Maximalkraft	Maximalkraft
Plyo Box Jump	4 Sätze 4 Wdh	4 Sätze 4 Wdh	5 Sätze 5 Wdh	5 Sätze 5 Wdh	5 Sätze 5 Wdh	5 Sätze 5 Wdh
Barbell Bench Press	4 Sätze 4 Wdh	4 Sätze 4 Wdh	5 Sätze 5 Wdh	5 Sätze 5 Wdh	5 Sätze 5 Wdh	5 Sätze 5 Wdh
Barbell Bent over Row	4 Sätze 4 Wdh	4 Sätze 4 Wdh	5 Sätze 5 Wdh	5 Sätze 5 Wdh	5 Sätze 5 Wdh	5 Sätze 5 Wdh
Standing Cable Rotation	2+2 Sätze 4 Wdh	2+2 Sätze 4 Wdh	3+3 Sätze 5 Wdh	3+3 Sätze 5 Wdh	3+3 Sätze 5 Wdh	3+3 Sätze 5 Wdh
Pull up	4 Sätze 4 Wdh	4 Sätze 4 Wdh	5 Sätze 5 Wdh	5 Sätze 5 Wdh	5 Sätze 5 Wdh	5 Sätze 5 Wdh
Barbell Back Squat	4 Sätze 4 Wdh	4 Sätze 4 Wdh	5 Sätze 5 Wdh	5 Sätze 5 Wdh	5 Sätze 5 Wdh	5 Sätze 5 Wdh
Hexbar Deadlift	4 Sätze 4 Wdh	4 Sätze 4 Wdh	5 Sätze 5 Wdh	5 Sätze 5 Wdh	5 Sätze 5 Wdh	5 Sätze 5 Wdh
Bulgarian Split Squat	2+2 Sätze 4 Wdh	2+2 Sätze 4 Wdh	3+3 Sätze 5 Wdh	3+3 Sätze 5 Wdh	3+3 Sätze 5 Wdh	3+3 Sätze 5 Wdh

4.1 Begründung der Übungsauswahl

Im Mesozyklus trainiert der Proband nach der Maximalkraftmethode. Auch kommt hier das Prinzip der „Superkompensation" zur Geltung. Wir befinden uns hier bei einer Satz-Zahl von mindestens vier und die Wiederholungszahl liegt bei maximal fünf. Es ist wichtig, dass das Gewicht so gewählt wird, dass die letzten Wiederholungen gerade noch mit korrekter Übungsausführung durchgeführt werden können. Die Pausenzeit beträgt nach subjektiver Wahrnehmung bis zu fünf Minuten, so dass sich der Muskel leicht erholen

kann. Ich wähle bei meinem Probanden ein Ganzkörpertraining, da er dreimal wöchent-
lich trainieren kommen kann und so jede Muskelgruppe dreimal aktiviert wird. Somit
versucht man bestmögliche Fortschritte zu erreichen. Das geschieht, da die Proteinbio-
synthese nach 48 Stunden ihr Maximum erreicht hat. Nach dem Prinzip der Kompensati-
onstheorie starten wir mit unserer Kraft bei einem Ausgangsniveau während wir Muskel-
arbeit verrichten wird ATP verbraucht, die verfügbare Energie sinkt also (Martin et al.,
1993). In der Regenerationsphase steigt dieses Niveau wieder und zwar über das Ausgangsniveau hinaus. Dies ist ein Adaptionsprozess, da sich der Körper an neue Heraus-
forderungen anpasst, wir haben also mehr Kraft als im letzten Training. Deshalb ist es im
Krafttraining wichtig dem Muskel Regenerationszeiten zu geben, in denen er wachsen
kann. Im Falle des Probanden, sind seine Regenerationszeiten mit Fußballtraining gefüllt
bzw. ein Ruhetag. Allerdings trainiert er schon seit einigen Jahren auf diese Weise,
wodurch sich sein Organismus an dieses Pensum gewöhnt hat, somit braucht er nur neue
Impulse bzw. Reize, um im Training besser voranzukommen und somit auch seine Ziele
zu erreichen.

Das Warm-up besteht aus einem statischen und einem dynamischen Teil, um den Körper
bestmöglich auf die bevorstehende Arbeit vorzubereiten und den Stoffwechsel anzutrei-
ben (Schwerpunkt Beine). Das Cool Down dient dazu den Körper von der vorangegan-
genen Arbeit wieder zu entspannen und in die Regeneration überzugehen. Hier soll auf
die Atmung geachtet werden, dass diese wieder ruhiger wird und sich der Puls wieder
dem Ruhepuls annähert. Der Körper soll Abkühlen und durch das Ausrollen wird der
Muskeltonus gesenkt und die myofascialen Verklebungen werden gelöst. So kann die
Reizweiterleitung und Informationsweiterleitung schnellstmöglich passieren und das
führt zu einem Kaftzuwachs.

Außerdem habe ich bewusst Übungen gewählt, die nicht an geführten Geräten stattfinden
sollten, sondern eher „freie" Übungen sind. Da der Proband Fußballspieler ist, bewegt er
sich in seiner Sportart auch viel im „freien", somit werden Reize der muskulären Koor-
dination besser angesprochen.

4.1.1 Plyo Box Jump

Zu Beginn des Trainings fängt der Proband mit einem Plyo Box Jump an. Da dies explosiv die Sprint- und Schnellkraft trainiert, was ein Teil des Ziels ist. Hier wird das zentrale Nervensystem extrem beansprucht. Da wir im Krafttraining immer von den großen zu den kleinen Muskeln arbeiten (Eifler, 2016, S. 211), beginnen wir mit dieser Übung.

4.1.2 Barbell Bench Press

Der Barbell Bench Press ist das klassiche Bankdrücken mit der Langhantel. Sie gehört zu den Grundübungen des Oberkörpertrainings. Hier wird die Brust, die Schulter und der Trizeps trainiert. Da mein Proband schon Erfahrung hat, kann ich ihn Freihantelübungen gut machen lassen.

4.1.3 Barbell Bent over Row

Beim Bent over Row hält mein Proband die Langhantelstange im Obergriff. Mit vorgebeugtem Oberkörper zieht der Proband die Langhantelstange zu sich an den Körper heran. Dabei ist wichtig, dass er keine komplette Kniestreckung hat. Das Gesäß sollte leicht nach hinten rausgestreckt sein. Hier wird der lattisimus dorsi, der trapezius, der rhomboids, der posterior deltoids und viele andere kleine Muskeln in der Schulterpartie trainiert (J. Weineck, 1997).

4.1.4 Standing Cable Rotation

Der Standing Cable Rotation trainiert die Rotatorenmanschette, also den infraspinatus und den teres minor (J. Weineck, 1997). Führt man diese Übung richtig aus, merkt man eine schnelle Steigerung der Stabilität und Kraft in der Schulter.

4.1.5 Pull up

Der Klimmzug ist eine perfekte Übung, um den kompletten Oberkörper mit seinem Eigengewicht zu trainieren. Der Proband führt den Klimmzug mit einem etwas mehr als schulterbreiten Obergriff aus. Dabei wir vor allem der breite Rückenmuskel (latissimus dorsi) und der Armbeuger (musculus bizeps brachii) trainiert (P. Markworth, 1993). Au-ßedem spricht der Klimmzug auch die Bauchmuskulatur an, weil diese den Ober- und Unterkörper während der Belastung stabilisiert.

4.1.6 Barbell Back Squat

Die Kniebeuge ist eine der anspruchsvollsten Übungen im Krafttraining, da mein Proband allerdings schon Erfahrung hat, kann ich diese bei ihm anwenden. Bei der Kniebeuge werden vor allem die Oberschenkelmuskeln (musculus quadrizeps femoris) aber auch dr Beinbizeps (musculus biceps femoris), der Gesäßmuskel (mucuclus glutaeus maximus), die Adduktoren (muculus adductor) und der Rückenstrecker (musculus errector spinae), trainiert (P. Markworth, 1993). Wichtig ist hier, dass die Beine leicht nach außen zeigen du nicht nach innen „einknicken".

4.1.7 Hexbar Deadlift

Der Hexbar Deadlift ist eine Mischung aus einer Kniebeuge und einem klassischen Kreuzheben. Hier haben wir allerdings weniger Stress auf den Rücken und den gesamten Körper, da der Proband in einer hexagonalen Hantelstange steht und ein andere Körper-winkel verwendet wird. Die Zugkraft und Geschwindigkeit sind hier verbessert. Bean-sprucht werden vor allem die Oberschenkelmuskulatur, die Rücken- und Nackenmusku-latur aber auch der Gesäßmuskel (R. Schmidt, F. Lang, F. & M. Heckmann, 2010).

4.1.8 Bulgarian Split Squat

Beim Bulgarian Split Squat ist ein Bein auf einer Ablage nach hinten abgelegt. Der Pro-band führt die Übung mit Kurzhanteln aus. Da mein Proband aufgrund seines Hobbies, Fußball spielen koordinativ gut ausgebildet ist, passt diese Übung gut in seinen Trainings-plan. Auch hier sollte darauf geachtet werden, dass die Beine bei der Ausführung leicht nach außen zeigen. Beanspruchte Muskeln sind bei dieser Übung die Oberschenkel Vor-derseite (quadrizeps) und der Po (glutaeus maximus) (J. Weineck, 1997).

5 LITERATURRECHERCHE

Ich habe mich für die Effekte des Krafttrainings bei Diabetes mellitus Typ-2 entschieden und in zwei Tabellen aufgezeigt.

Bei der ersten Studie geht es um das Thema Different types of resistance training in type 2 diabetes mellitus: effects on glycaemic control, muscle mass and strength (Egger, et al. 2012)

Die zweite Studie handelt von dem Thema The metabolic effects of long term exercise in Type 2 Diabetes patients (Lee, Kim & Kim, et al. 2017).

Tab. 10: Wiedergabe der ersten Studie zum Thema Different types of resistance training in type 2 diabetes mellitus: effects on glycaemic control, muscle mass and strengh

	1.Studie
Autoren	- Patsch W., Niederseer D., Ledl-Kurkowski E., Egger A., Pirich C., Finkenzeller T., Forstner R., Diem G., Weitgasser R. and Niebauer J.; - University Institute of Radiology, Paracelsus Medical University, Salzburg; University Institute of Sports Medicine, Prevention and Rehabilitation, Paracelsus Medical University Salzburg, Austria; University Hospital, Clinic of Endocrinology and Diabetology, Paracelsus Medical University, Salzburg;
Erscheinungsjahr	2012
Versuchspersonen	32 Probanden (19 Frauen & 13 Männer) mit Diagnose auf die Erkrankung Diabetes mellitus Typ-2. Das durchschnittliche Alter beträgt 64,8 Jahre plus minus 7,8 Jahre.
Versuchsaufbau	Man hat per Zufall, entweder in einem acht-wöchigen ERT- (zwei Sätze pro Übung mit 25-30 Wiederholungen bei 40 Prozent der 1-RM maximalen Anstrengung) oder in einem acht-wöchigen HRT- Trainingsprogramm (zwei Sätze pro Übung mit 10-

	12 Wiederholungen bei 70 Prozent 1-RM maximalen Anstrengung), trainiert. Jeder Athlet hatte dazu eine Stunde am Tag Aerobic Training, allerdings mit einem Ruhetag zwischen den Einheiten.
Schlussfolgerung	Nach acht Wochen konnte man in der Gruppe keine positiven Effekte erkennen was die Senkung des Glukose- und Fruktoseaminspiegels, sowie das Gewicht, den Taillenumfang, das Bauchfett oder den BMI betrifft. Auch die Herzfrequenz in Ruhe und der systolische und diastolische Blutdruck waren unverändert. Deutlich erkennbar war aber, dass die Muskelmasse in den Armen und die Beweglichkeit besser waren. Die Brustmuskulatur hat sich bei den Patienten, die das HRT-Training gemacht haben, stärker verbessert als bei denen die das ERT-Training gemacht haben. Ansonsten hat man keine Unterschiede zwischen den Ergebnissen der Trainingsmethoden erkennen können.

Tab. 11: Wiedergabe der zweiten Studie zum Thema The metabolic effects of long term exercise in Type 2 Diabetes patients

	2. Studie
Autoren	- Edmund Cauza, Christoph Strehblow , Sylvia Metz-Schimmerl , Barbara Strasser4 , Ursula Hanusch-Enserer , Karam Kostner , David Dunstan , Peter Fasching and Paul Haber
Erscheinungsjahr	2009
Versuchspersonen	23 Männer und Frauen
Versuchsaufbau	Die Probanden absolvierten ein viermonatiges Trainingsprogramm, bei einem Umfang von dreimal pro Woche. Vor und nach jedem Training hat man deren Muskel- und Fettmasse anhand einer speziellen Waage gemessen. Außerdem hat man zu Beginn

	der Testung den Glukosestoffwechsel- (HbA1C), den BMI- und die den Hautfaltentest durchgeführt. Nach vier Wochen wurden diese Tests noch einmal durchgeführt.
Schluss-folgerung	Alle Probanden weisen eine Steigerung der Kraft und einen Muskelzuwachs vor. Außerdem sank der Körperfettanteil um 24,8%. Es wurden keine Angaben gemacht, ob das Krafttraining bei Diabetes mellitus Typ 2, positive oder negative Effekte bewirkt. Der Glukosestoffwechsel hat sich nicht verändert. Daraus kann man schließen, dass Krafttraining sich positiv auf die körperliche Leistung und die Körperfettmasse auswirkt, sich der HbA1C aber nicht verändert.

6 LITERATURVERZEICHNIS

Causa et al (2006). *The metabolic effects of long term exercise in Type 2 Diabetes pa-tients,* Zugriff am 11.06.2020. Verfügbar unter https://link.springer.com/article/10.1007/s10354-006-0337-y

Causa et al (2017). *Resistance Training for Glycemic Control, Muscular Strength, and Lean Body Mass in Old Type 2 Diabetic Patients: A Meta-Analysis,* Zugriff am 15.06.2020. Verfügbar unter https://link.springer.com/article/10.1007/s13300-017-0258-3

Eifler, C. (2016). *Studienbrief Medizinische Grundlagen.* Saarbrücken: Deutsche Hoch-schule für Prävention und Gesundheitsmanagement.

Eifler, C. (2016). *Studienbrief Trainingslehre I.* Saarbrücken: Deutsche Hochschule für Prävention und Gesundheitsmanagement.

Gottlob, A. (2013). *Differenziertes Krafttraining mit Schwerpunkt Wirbelsäule (4. Aufl.).* München: Urban & Fischer.

Güllich, A. & Schmidtbleicher, D. (1999). Struktur der Kraftfähigkeiten und ihrer Trainingsmethoden. Deutsche Zeitschrift für Sportmedizin, 50 (7/8), 223-234).

Hofmann, P., Tschakert, G., & Müller, A. (2017). *Kompendium der Sportmedizin.* Vi-enna: Springer.

Luppa, D. (2016). *Studienbrief Ernährung I.* Saarbrücken: Deutsche Hochschule für Prä-vention und Gesundheitsmanagement.

Mac Dougall, J.D. (1986). *Adaptability of muscle to strengh training- a cellular ap-proach. In B. Saltin (Hrsg.), Biochemistry of exercise (VI, Bd. 16, S. 501-513).* Champaign, IL: Human Kinetics.

Markworth, P. (1993). *Sportmedizin- Physiologische Grundlagen.* Reinbeck bei Ham-burg: Rowohlt.

Martin, D., Carl, K. & Lehnertz, K. (1993). Handbuch Trainingslehre (2.Aufl.). Schorn-dorf: Hofmann.

Schmidt, R., Lang, F. & Heckmann, M. (2010). *Physiologie des Menschen (31. Aufl.).* Berlin: Springer

Schnabel, G., Harre, G., & Barde, A. (1997). *Trainingswissenschaft. Leistung, Training Wettkampf.* Berlin: Sportverlag

Weineck, J. (1997). *Sportanatomie (12. Aufl.).* Balingen: Demeter Verl. im Spitta.

7 ABBILDUNGS- UND TABELLENVERZEICHNIS

7.1 Tabellenverzeichnis